abus sexuels

*Merci à Clémence Saulière, psychologue,
pour sa collaboration,
et à Marceline Gabel, psychothérapeute,
pour sa relecture.
Merci aux professeurs
Boris Cyrulnik, éthologue et neuropsychiatre,
et Marcel Rufo, pédopsychiatre,
pour leurs conseils.*

© Bayard Éditions Jeunesse, 2004
Couleurs : Christine Couturier
ISBN : 2 7470 1269 7
Dépôt légal : mars 2004
Loi 49 956 du 16 juillet 1949 sur les publications destinées à la jeunesse
Imprimé en Italie

DELPHINE SAULIÈRE · BERNADETTE DESPRÉS

NON !

ABUS SEXUELS

NON !

BAYARD JEUNESSE

abus sexuels

AVANT-PROPOS

Cher lecteur,

Ce petit livre parle du respect de l'autre. Tu dois être respecté et protégé comme enfant, par tes parents et par ceux qui s'occupent de toi. Tu dois aussi respecter les autres, c'est-à-dire les accepter comme ils sont, ne pas leur faire de mal et parler avec eux pour les comprendre. Si l'on ne supporte pas de vivre avec les autres, si l'on veut les dominer ou les écraser, alors la vie devient violente et dure, c'est comme lorsqu'on se fait la guerre.

Respecter les autres, c'est ne pas user de la violence, physique (coups, blessures) ou verbale (injures), ne pas maltraiter quelqu'un en le battant, en l'humiliant, en le tourmentant ou en le privant de nourriture, ou encore en lui témoignant toujours de la haine et jamais d'amitié, en étant méchant et cruel avec lui.

Respecter l'autre, c'est d'abord respecter son corps et son sexe, ne pas abuser sexuellement de lui. Ton corps t'appartient. Presque toujours, ce sont les plus faibles qui sont victimes de maltraitance ou d'abus sexuels : les enfants victimes de grandes personnes, mais aussi quelquefois les vieilles personnes qui n'ont plus de force physique et qui ont besoin des autres pour marcher, pour se laver, pour manger, pour s'habiller.
Enfin, respecter l'autre, c'est respecter ses origines, sa religion, ses croyances, ses idées.

NON !

Abus sexuels, maltraitance, intolérance et racisme, violence :
des mots un peu compliqués que la collection des Petits guides
pour dire non t'explique de façon vivante. Je pense qu'il est très
important que tu réfléchisses à ces questions, que tu en parles
avec tes parents, tes amis et en classe, et que tu fasses lire
ces livres autour de toi.

Beaucoup d'enfants sont victimes de violences, malheureux,
et ne savent pas à qui en parler. Ils souffrent en silence.
Ces livres donnent de bons conseils. Ainsi, il y a en France
un numéro d'appel gratuit et anonyme, le 119. Il te permet de
parler à des professionnels qui écoutent ce que tu as à leur dire
et qui aident les enfants maltraités.

Pour ma part, en tant que ministre de la Famille – et donc des
enfants – je viens de faire voter une loi qui donne de nouveaux
moyens pour lutter contre les violences faites aux enfants. Il faut
qu'en France, aujourd'hui, tous les enfants puissent être bien
défendus quand certaines personnes leur font du mal.

Chaque enfant doit connaître ses droits, mais aussi ses devoirs.
Le principal pour vivre bien tous ensemble, c'est d'abord
le respect de l'autre.

Bonne lecture !

Christian JACOB
Ministre délégué à la Famille.

CE PETIT GUIDE

t'aidera à te défendre contre
certaines personnes
dangereuses pour les enfants.
Elles savent parfois se montrer
très gentilles,
mais ce sont des criminels.

Un criminel, ce n'est pas seulement
quelqu'un qui donne des coups,
menace avec un pistolet ou tue.
Cela peut être aussi une grande personne
qui ne se comporte pas avec un enfant
comme elle le devrait.
Elle peut lui demander de faire
des choses qui le gênent.
Ce sont des actes très graves.
Ils sont punis par la loi,
et les personnes qui agissent ainsi vont en prison.

Lulu

Tim

Élodie

Félix

Anna

Tu vas découvrir cinq histoires en BD.

Elles racontent comment cinq enfants,
Lulu, Tim, Élodie, Félix et Anna,
ont été embêtés et harcelés
par des plus grands ou des adultes.
Ces histoires ressemblent à ce qui peut
se passer dans la vie.
Lis-les attentivement.
À chaque fois, tu trouveras des conseils
pour bien réagir face à quelqu'un de dangereux,
et des solutions pour apprendre à te défendre
et à dire **NON**, tout simplement.

LULU A UN VOISIN BIZARRE

Il y a plusieurs façons de réagir quand on se fait embêter comme Lulu.

1. En acceptant d'obéir au « photographe », Lulu court un gros risque. Le monsieur peut la forcer à faire plus, à se déshabiller par exemple. Cela devient dangereux.

2. Lulu n'ose pas dire clairement non, par peur de se montrer impolie. Cela aussi, c'est dangereux. Elle peut croiser cet homme dans son quartier et se sentir obligée de retourner chez lui.

3. Lulu a raison de fuir. Elle a couru un risque en entrant chez un inconnu sans que ses parents sachent où elle est. Et elle a compris que le comportement de cet homme n'était pas normal. La bonne attitude, c'est de partir en courant et d'en parler !

NON !

SI TU TE TROUVES DANS LA MÊME SITUATION QUE LULU

Tous les grands n'ont pas de mauvaises intentions envers les petits, même quand ils demandent aux enfants de faire des choses qui ne leur plaisent pas : ranger leurs affaires, ou laisser la place à quelqu'un dans le bus.

Mais si, comme Lulu, tu rencontres un adulte qui t'invite chez lui, pour faire des photos, par exemple, dis-toi bien que ce n'est pas normal. Si c'était un vrai photographe, il demanderait d'abord l'autorisation à tes parents.

Je peux ?

Écoute-moi, Mamita...

Raconte ce que tu as vécu à une personne en qui tu as confiance : tes parents, tes grands-parents, tes amis, ta maîtresse... Ils sont là pour te protéger.

LE COUSIN DE TIM L'EMBÊTE

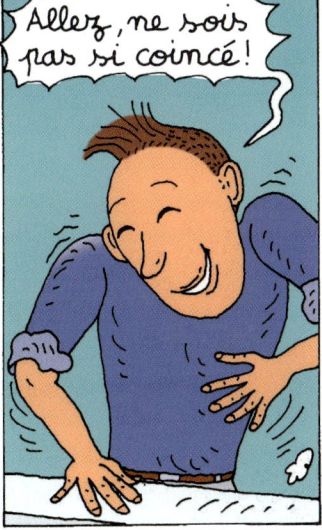

Il y a plusieurs façons de réagir quand on se fait embêter comme Tim.

1. Tim a honte, il a peur : comment un cousin si sympa peut-il agir comme cela ? Il est tellement mal à l'aise qu'il ne réagit pas. Du coup, le cousin en profite pour faire ce qu'il veut.

2. Tim n'ose pas parler de cet incident. Mais, en gardant le secret, il protège son cousin, qui va peut-être revenir l'embêter un autre jour ou s'en prendre à d'autres enfants.

3. Tim sait que son père n'est pas loin. Il l'appelle à l'aide, et il a bien raison : c'est le rôle des parents de protéger leurs enfants.

SI TU TE TROUVES DANS LA MÊME SITUATION QUE TIM

Tous les grands n'ont pas de mauvaises idées dans la tête quand ils font un câlin à un enfant, surtout s'ils sont de la même famille : la plupart du temps, c'est un geste de tendresse et d'affection. Et cela fait chaud au cœur.

Mais si un adulte ou un grand que tu connais bien te parle, comme c'est arrivé à Tim, de ton corps de façon gênante, ou te fait des caresses qui te mettent mal à l'aise, parles-en vite à quelqu'un en qui tu as confiance.

Ton corps est à toi, et tu as le droit de dire : « Non, ne me touche pas ! », même à quelqu'un que tu aimes ou que tu respectes.

17

ÉLODIE EST SUIVIE PAR UN MONSIEUR

Il y a plusieurs façons de réagir quand on se fait embêter comme Élodie.

1. Élodie s'est laissé entraîner dans la voiture. C'est très dangereux pour elle, car elle est prisonnière de monsieur Carton. Et, en plus, personne ne sait où elle se trouve.

2. Complètement affolée, Élodie arrive à s'enfuir. Mais la prochaine fois qu'elle ira à la bibliothèque, M. Carton pourrait recommencer à l'embêter.

3. Élodie a une bonne réaction : elle va vite trouver un agent de police. Il est là pour faire respecter la loi et protéger ceux qui ont des ennuis.

SI TU TE TROUVES DANS LA MÊME SITUATION QU'ÉLODIE

Tous les adultes qui proposent à un enfant de lui rendre un service ne cherchent pas à lui faire du mal. La plupart du temps, c'est simplement pour lui donner un bon conseil ou pour l'aider, parce qu'un adulte sait souvent plus de choses qu'un enfant.

Mais si, comme c'est arrivé à Élodie, un adulte veut t'entraîner dans sa voiture, s'il insiste, méfie-toi. Personne ne doit te forcer à le suivre, même s'il le fait avec un grand sourire.

Dans les endroits où tu as l'habitude d'aller (l'école, la piscine, le centre de loisirs, le gymnase...), si tu trouves que quelqu'un a un comportement un peu bizarre, éloigne-toi de lui et signale-le à quelqu'un en qui tu as confiance.

21

FÉLIX EST GÊNÉ PAR SON MONITEUR

NON !

Il y a plusieurs façons de réagir quand on se fait embêter comme Félix.

1. Quand Félix retrouve sa mère, il ne lui raconte pas ce qui s'est passé. C'est idiot : comment peut-elle deviner que son moniteur l'embête et le touche ?

2. Félix bouscule fortement Arthur. C'est un peu risqué, parce que, justement, le moniteur est plus fort que lui, et peut devenir violent.

3. Félix part en courant. Il rejoint sa mère, lui explique ce qui s'est passé avec le moniteur, et ensemble ils vont voir le directeur du poney-club pour lui exposer le problème. C'est la bonne façon d'agir, cela évitera qu'Arthur embête d'autres enfants.

SI TU TE TROUVES DANS LA MÊME SITUATION QUE FÉLIX

Quand le métier d'un adulte est de t'apprendre quelque chose, il doit te transmettre ce qu'il sait. Il peut te donner des conseils, te corriger si tu te trompes. C'est tout.

Mais si, comme dans le cas de Félix, un professeur ou un moniteur de sport se sert de son métier pour s'attaquer à toi et te demander des choses qu'il n'a pas le droit de te demander, c'est très grave.

Tu dois en parler très vite à tes parents. Ensemble, vous irez voir le directeur de l'école ou du centre de sport. Et puis vous pourrez aller porter plainte au commissariat de police.

ANNA A UN DRÔLE DE BEAU-PÈRE

Il y a plusieurs façons de réagir quand on se fait embêter comme Anna.

1. Anna a peur de désobéir à son beau-père. Pourtant, elle n'est pas à sa place dans le lit de Marc. C'est dangereux, cela peut faire oublier à Marc qu'elle est une enfant et pas une femme.

2. Anna se protège en s'enfermant à clé dans sa chambre. Mais cela ne suffit pas. Son beau-père peut recommencer et être plus insistant la prochaine fois.

3. Anna raconte ce qui s'est passé à sa mère. Elle en parle aussi à son père. C'est à eux de prendre sa défense et de la protéger, comme des parents doivent le faire.

SI TU TE TROUVES DANS LA MÊME SITUATION QU'ANNA

D'habitude, un beau-père ne se comporte pas ainsi avec les enfants de sa femme. C'est très rare. Les parents, beaux-pères et belles-mères doivent se comporter avec respect envers leurs enfants ou beaux-enfants.

Alors, ce cours de danse ?

Génial !

Grand-père, je peux te raconter quelque chose ?

Bien sûr !

Si tu te trouves dans la même situation qu'Anna, tu dois en parler très vite à ta mère et à ton père. Si jamais ils ne te croyaient pas, ce qui peut arriver, va trouver un grand-parent ou ta maîtresse, et raconte-leur ce qui se passe.

Quand un membre proche de ta famille (un beau-père, parfois même un père ou un frère) essaie de toucher ton corps, sache que c'est interdit. Cela s'appelle l'inceste, et c'est puni par la loi.

Hé, Marc, ça veut dire quoi, inceste ?

Ben...

PETIT DICO DE MOTS PAS TRÈS RIGOLOS

Voici des mots que tu entends
prononcer à la télévision
ou dans la bouche des adultes.
Si tu ne sais pas ce qu'ils signifient,
lis ces petites définitions,
c'est important !

AGRESSION C'est une attaque violente contre une personne.

ATTOUCHEMENTS On emploie ce mot pour désigner les gestes ou les caresses portant sur les parties intimes du corps.

HARCÈLEMENT C'est le fait d'embêter très souvent la même personne, par des paroles ou par des actes.

INCESTE Ce mot désigne les relations sexuelles entre des membres de la même famille. C'est interdit par la loi.

LOI Une loi est une règle obligatoire qui dit ce qu'on a le droit de faire et ce qui est interdit. Il y a beaucoup de lois qui protègent les enfants. C'est l'État qui fait ces lois. Si on ne les respecte pas, on risque d'être puni.

MINEUR Tu es mineur, le sais-tu ? Un mineur, c'est un enfant de moins de 18 ans. Il est sous la responsabilité de ses parents, qui prennent les décisions importantes pour lui.

PÉDOPHILIE On appelle « pédophilie » toute attirance sexuelle d'un adulte pour des enfants. Les actes de pédophilie sont interdits et punis par la loi.

POLICE C'est un service de l'État, chargé de protéger les gens et de faire respecter les lois. Ses membres, les policiers, protègent les victimes et peuvent arrêter et mettre en prison ceux qui se comportent mal.

PULSION C'est une envie très profonde qu'on ressent à l'intérieur de soi et qu'on n'arrive pas toujours à contrôler.

VIOL C'est obliger quelqu'un à avoir des relations sexuelles en utilisant la force, la violence, ou la séduction et les promesses. C'est puni par la loi.

33

LES ADRESSES LES PLUS UTILES

Si toi ou quelqu'un que tu connais
a eu des ennuis avec un adulte
et que tu as peur d'en parler à tes parents,
dis-le à une personne en qui tu as confiance :
tes grands-parents, ta maîtresse,
le directeur de ton école, l'infirmière scolaire,
les parents d'un de tes amis...

Il existe aussi un numéro de téléphone
que chaque enfant peut appeler gratuitement
à n'importe quelle heure du jour et de la nuit :
c'est le **119**.
Il y aura toujours quelqu'un
pour lui répondre, l'écouter et l'aider.
Ce numéro est affiché dans ton école.

Voici un autre numéro de téléphone gratuit
où il y a des personnes pour t'écouter :
le **0 800 051 234**
C'est le numéro de l'association Enfance et Partage.
Tu peux appeler du lundi au samedi
de 9 heures à 20 heures.

En cas d'urgence ou de danger,
tu peux aussi téléphoner au **15**,
le numéro du **SAMU**.
On te donnera tous les numéros d'urgence
de ton département.

Tu peux bien sûr aussi te rendre
directement au commissariat
ou à la gendarmerie de ta ville.
Les policiers et les gendarmes sont là
pour t'écouter et enregistrer ta plainte.

Voici deux adresses de sites Internet
où tu trouveras toutes sortes d'informations
sur la protection des enfants :

www.allo119.gouv.fr

C'est le site du **119**.

www.defenseurdesenfants.fr
Va dans Espace JEUNE.
C'est le site du Défenseur des enfants, qui t'explique
beaucoup de choses sur les droits des enfants.

Au cœur de la vie des 7-11 ans.

Astrapi est un magazine bimensuel qui aide les enfants à comprendre le monde dans lequel ils vivent,

et à devenir des citoyens respectueux d'eux-mêmes et des autres.

NON !

Guides pour un enfant citoyen
VIVRE ENSEMBLE
La collection

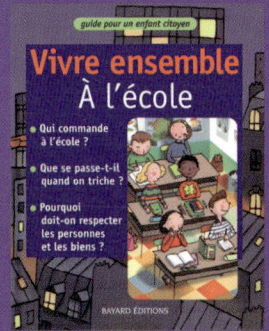

Vivre ensemble
À l'école
- Qui commande à l'école ?
- Que se passe-t-il quand on triche ?
- Pourquoi doit-on respecter les personnes et les biens ?

BAYARD ÉDITIONS

Vivre ensemble
En famille
- Qu'est-ce qu'une famille ?
- Est-ce que tous les enfants ont une identité ?
- Qui commande dans la famille ?

BAYARD ÉDITIONS

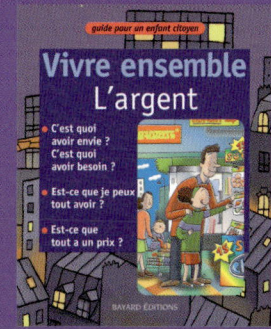

Vivre ensemble
L'argent
- C'est quoi avoir envie ? C'est quoi avoir besoin ?
- Est-ce que je peux tout avoir ?
- Est-ce que tout a un prix ?

BAYARD ÉDITIONS

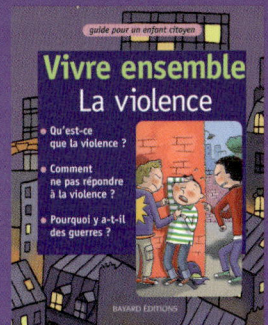

Vivre ensemble
La violence
- Qu'est-ce que la violence ?
- Comment ne pas répondre à la violence ?
- Pourquoi y a-t-il des guerres ?

BAYARD ÉDITIONS

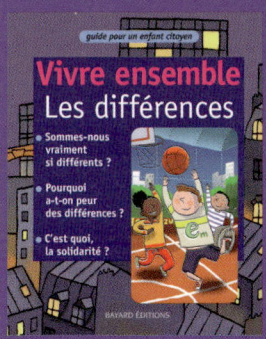

Vivre ensemble
Les différences
- Sommes-nous vraiment si différents ?
- Pourquoi a-t-on peur des différences ?
- C'est quoi, la solidarité ?

BAYARD ÉDITIONS

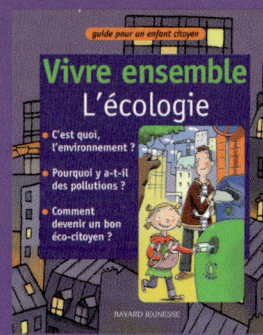

Vivre ensemble
L'écologie
- C'est quoi, l'environnement ?
- Pourquoi y a-t-il des pollutions ?
- Comment devenir un bon éco-citoyen ?

BAYARD JEUNESSE

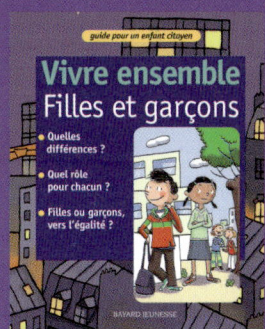

Vivre ensemble
Filles et garçons
- Quelles différences ?
- Quel rôle pour chacun ?
- Filles ou garçons, vers l'égalité ?

BAYARD JEUNESSE